AF253485

ALLOCUTION

PRONONCÉE DANS LA CHAPELLE DES PÈRES DOMINICAINS

A PARIS

EN L'HONNEUR DU

BIENHEUREUX RÉGINALD

D'ORLÉANS

PAR LE T. R. P. CORMIER

PROVINCIAL DE LA PROVINCE DE TOULOUSE

ORLÉANS

IMPRIMERIE ERNEST COLAS

VIS-A-VIS DU MUSÉE

1870

ALLOCUTION

BIENHEUREUX RÉGINALD

Le bienheureux Réginald (1), auquel est consacrée la pieuse cérémonie qui nous rassemble, occupe dans les annales de notre histoire et dans celle de nos plus antiques dévotions une page d'honneur. Il est juste que cette page au lieu de s'effacer sous le passage du temps, reprenne de nos jours un nouvel éclat avec tous les grands souvenirs qui se rattachent à notre fondation, et qui ont été remis en lumière par notre restauration.

Enfant d'une cité que le B. Réginald illustra d'abord comme prêtre, membre de l'ordre religieux où l'on respire encore le parfum de sa sainteté, il nous est doux d'ajouter de nos mains à ces traditions immémoriales un nouvel anneau. Pour cela nous vous dirons ce que le B. Réginald a fait pour son ordre, et ce que l'ordre a fait pour la gloire du serviteur de Dieu.

Le B. Réginald de Saint-Gilles, d'abord prêtre séculier et membre du Chapitre de Saint-Aignan à Orléans, possédait déjà

---

(1) Quand les religieux de l'ordre de Saint-Dominique fondèrent le couvent de Saint-Honoré, à Paris, on résolut de le mettre sous le vocable du bienheureux Réginald, tant on avait de dévotion pour le serviteur de Dieu. Une circonstance fortuite changea seule ce dessein et fit consacrer le couvent à la très-sainte Vierge.

dans cette position tranquille l'âme d'un frère prêcheur. Du milieu des offices divins sous l'influence cachée, mais puissante de l'esprit de prière, il sentait se développer en lui l'instinct du salut des âmes, et par conséquent l'amour de la prédication, mais, en même temps que la vie apostolique avec ses mains pleines de trophées provoquait son ambition, la considération des périls qui l'entourent le retenait à distance, dans la crainte. Il rêvait une prédication qui réunit à la sève, au nerf de la doctrine et à la sauvegarde de l'obéissance, le cortége de la pauvreté, de la mortification et de toutes les saintes folies de la Croix, *per stultitiam prædicationis.* Or nulle part cet idéal ne lui apparaissait ; lorsque, Dieu qui s'était plu à tourmenter et à façonner son âme par la flamme contenue de ses désirs intimes luttant contre de légitimes appréhensions, le poussa en compagnie de son évêque, vers Rome. Rome où toute grande vocation aboutit un jour ou l'autre pour y rencontrer soit la pensée qui inspire, soit la bénédiction qui confirme.

A Rome donc, il trouva saint Dominique et il l'entendit ; et d'un cœur dilaté, il se dit à lui-même : enfin je l'ai trouvé ; l'idéal invisible du prédicateur, en saint Dominique, était devenu visible à ses yeux. Il entra donc dans l'ordre nouveau, et il s'y montra toujours, à l'intérieur du couvent, comme une colonne inébranlable par sa fidélité quelque peu rigide aux observances régulières ; au dehors comme un grand conquérant par sa grâce singulière d'attirer les pécheurs à Dieu, et à son ordre les vocations généreuses.

Mais, ce qui le singularise et l'ennoblit parmi les autres premiers compagnons du saint Patriarche, c'est le don qui lui fut fait de notre vêtement religieux.

Au moment d'entrer dans l'Ordre, le B. Réginald était tombé gravement malade. Or, tandis que saint Dominique priait bien de lui conserver ce nouveau fils déjà grand d'espérances à ses yeux, la Bienheureuse Vierge apparut au malade, oignit chacun de ses sens en prononçant certaines paroles appropriées à chaque onction ; et, après avoir par là guéri le corps et consacré l'âme, elle lui dit : *voici l'habit de ton Ordre*. En même temps, elle lui présentait avec la tunique de laine, le scapulaire blanc. Afin que le don céleste passât par les mains de l'obéissance, ce fut notre saint Père Dominique qui donna ensuite d'une monière extérieure et solennelle ce vêtement au Bienheureux Réginald, et lui-même le prit avec ses compagnons.

Ainsi se compléta, en la personne du Bienheureux Réginald, l'ensemble des dons par lesquels, dans cette nouvelle création la divine bonté modelait de ses mains notre être religieux. Nous avions déjà reçu d'en Haut notre mission et le nom de Frères Prêcheurs qui la caractérise ; il fallait que le vêtement même, qui est comme le reflet de la vie et le symbole de la vocation, nous arrivât de main divine. C'est pourquoi, nous voyons Marie qui, durant sa vie mortelle, s'était plu à faire elle-même à Jésus sa tunique sans couture, tenir aussi à doter ses nouveaux fils du Scapulaire et du Rosaire. Le Scapulaire en nous enveloppant de sa blancheur signifie l'innocence de la vie ; le Rosaire suspendu à notre côté comme un glaive nous sert d'armes pour l'action. Ce dernier nous arrive de Marie par saint Dominique notre Père, le Scapulaire nous vient encore de Marie, mais par le Bienheureux Réginald notre frère. Désormais, c'est ce Scapulaire emprunté aux traditions monastiques qui, substitué au surplis du chanoine régulier, formera notre signe distinctif : *Distinctio vocationis nostræ*. C'est lui qui constituera la partie principale de notre vêtement, *potissimam prædicatoriæ vestis partem*.

C'est au Scapulaire seul que s'attacheront à la profession les bénédictions de l'Eglise, et il deviendra ainsi comme un sacrement placé aux débuts de notre vie religieuse pour signifier la sainteté que nous promettons et pour nous y conserver fidèles.

Après nous avoir transmis ce don du Ciel, Réginald avait assez fait pour nous ; au bout de peu d'années, il mourut, mais il devait se survivre dans les signes de vénération dont nous n'avons cessé d'entourer sa mémoire.

L'état de Bienheureux, comporte deux rapports différents ; l'un avec Dieu, l'autre avec nous; l'un qui consiste dans le bonheur de la gloire, l'autre dans l'intercession pour l'homme malheureux ; le premier essentiel, puisque le Bienheureux ne peut pas être séparé de son bonheur, pas plus que de son Dieu, le dernier accidentel, puisqu'il dépend de la misère des hommes, de la mesure de leur foi et de la libre répartition des largesses divines.

De là il suit que les honneurs rendus par nous aux Bienheureux peuvent renfermer, ou une simple affirmation de la conviction que nous avons de leur béatitude, ou la manifestation de la confiance qui nous pousse à solliciter leur intercession.

Aux premiers signes d'honneur se rapportent, l'élévation des reliques, les rayons de gloire, l'opinion de sainteté et le titre de Bienheureux ; aux seconds, les *ex-voto*, la renommmée des miracles, les prières publiques et en particulier la demande de certaines grâces spéciales pour lesquelles on estime la médiation du Bienheureux plus puissante.

Or, mes Frères, ni les uns ni les autres de ces honneurs, quoique tressés souvent en une même couronne et fondus en un même rayon de gloire n'ont manqué à notre Bienheureux.

Après sa mort, qui eut lieu à Paris, 1220, ses reliques furent déposées dans l'église de Notre-Dame-des-Champs, et le peuple commença à y venir faire ses prières. Comme on se rappelait qu'il était mort d'une fièvre douloureuse, c'est surtout contre ce genre de maladie qu'on invoquait sa protection. Durant quatre cents ans, des grâces de guérison ne cessèrent d'être obtenues à son tombeau; et, la prière qu'on y récitait en son honneur devint tellement usuelle qu'on en fit l'insertion dans le Bréviaire même du diocèse; Dieu le permettant ainsi, afin que cette insertion authentique vînt surajouter au culte ancien déjà, une consolation, une consécration et une cause permanente de dilatation.

Quand les Carmélites, en 1604, furent mises en possession de l'Église où le Bienheureux Réginald était honoré, la dévotion des fidèles envers leur intercesseur se ralentit, mais elle se conserva chez ces religieuses, et c'est sans doute pour compenser par un nouvel honneur la suppression forcée du concours populaire à cause des lois de la clôture, qu'elles érigèrent au Bienheureux une chapelle, et qu'elles employèrent la main d'un peintre pour représenter ses plus belles actions.

De nouvelles constructions vinrent, il est vrai, faire disparaître, il y a quelques années, ces peintures ; mais, sans parler des nombreuses images qui sont restées debout à la gloire du Bienheureux dans bien d'autres églises ou oratoires, Dieu a voulu qu'à Paris même nous eussions, peu de temps après, pour Eglise Collégiale, non plus un sanctuaire emprunté, mais un temple à nous, afin que l'image du Bienheureux tranférée plutôt que détruite vînt nous apparaître encore dans les vitraux du sanctuaire, où vous pouvez la vénérer chaque jour.

Quant au titre de Bienheureux *appellatio Beati* et à l'opinion de sainteté *fama sanctitatis*, qui selon les auteurs constituent un grand signe de culte, *Magnam inde exurgere cnltûs probationem*, rien n'est venu leur porter atteinte. Le Bienheureux lui-même malgré tous les soins qu'il avait pris à cacher les dons de Dieu, commença le premier sans le savoir à rendre hommage à l'abondance de grâces qui résidait en lui ; car il dit avant de mourir au religieux qui l'assistait : « Je ne crains « ni la mort, ni le duel avec Satan, vu que je l'attends fort « courageusement, ayant été oint et confirmé à Rome par les « intercessions de la Vierge, mère de Jésus ; néanmoins pour « montrer que je ne méprise aucun Sacrement, non-seulement « je permettrai qu'on me fasse de nouveau l'onction, mais je « la demande instamment, les mains jointes ; » et, ce fut après l'onction sainte que tenant, selon son ordinaire, les yeux fixés au ciel, il passa heureusement jusqu'à Dieu. Ainsi donnait-il à comprendre que l'onction de Marie l'avait comme confirmé dans la grâce et en particulier dans le don de la chasteté.

Quoi d'étonnant si le souvenir de ces paroles et celui de toute sa vie lui méritèrent aussitôt le titre et l'estime qu'on accorde aux Bienheureux. Aussi quand on relit les auteurs, on retrouve partout et à toutes les époques et dans toutes les langues ces titres et cette estime formant autour du serviteur de Dieu une auréole glorieuse . C'est le *Bienheureux Réginald*, *l'Heureux Réginald*, *le grand Réginald pur à cause de sa virginité, orné de la grâce céleste, fameux en sainteté ;* et l'on sent que ces auteurs écrivent ces mots non-seulement avec la froide conscience d'un historien qui constate, mais avec un cœur qui sent et qui aime ; et l'on est parfois touché de les voir trahis par leur piété, suspendre leur récit pour adresser au Bienheureux des invocations.

Enfin, à ces signes d'honneur que les fidèles, les historiens et les religieux lui rendent, qu'il nous soit permis d'ajouter les hommages non moins significatifs de notre vénérée religion des frères Prêcheurs.

La Religion, c'est tout à la fois l'autorité paternelle qui prescrit les règles de la vie, et la bonté maternelle qui facilite les moyens de la vie. Or, que trouvons-nous dans le texte vivant de nos règles, tel que le Saint-Siége l'approuve, et qu'il nous est de nouveau promulgué chaque année ? Nous déclarons, est-il dit en parlant du vêtement, « *que la Reine des* « *cieux visitant corporellement le Bienheureux Réginald,* « *l'avertit d'entrer dans l'ordre et lui donna l'habit que nous* « *portons en lui disant : voici l'habit de ton ordre, et c'est cet* « *habit que le Bienheureux Réginald eut le bonheur de rece-* « *voir de Notre Père saint Dominique, et qu'il porta avec per-* « *sévérance.* » Ainsi l'insigne serviteur de Dieu est loué de sa persévérance dans les dons de Dieu, et il est proclamé deux fois Bienheureux à côté de saint Dominique et de la très-heureuse Vierge Marie. *Beatus Reginaldus... Beatus Pater Dominicus... Beatissima Virgo Maria.* Que si nous considérons notre sainte Religion non plus comme un législateur qui trace les sentiers de la vie, mais comme une bonne mère qui nous y porte entre ses bras, que la voyons-nous faire souvent à notre naissance dans la vie religieuse ? Après nous avoir donné le scapulaire de Réginald comme baptême, elle nous donne le nom de Réginald comme protection. Nombre de religieux ont porté et portent encore ce beau nom, et ils l'aiment, et ils l'invoquent et ils se trouvent bien de ce saint patronage que l'ordre apprécie et bénit.

En face de tous ces exemples, M. F. réjouissons-nous et élevons nos pensées et nos désirs, et, ramassant respectueusement dans notre cœur ces signes de vénération, rendons-leur sous le souffle de notre foi une vie plus florissante. Soyons, par la confiance, à la hauteur de ceux qui vinrent avant nous. Que cette confiance monte du cœur jusqu'à nos lèvres et qu'elle nous fasse adresser en finissant, au Bienheureux, la prière par laquelle un historien termine le récit de sa vie.

Nous te demandons maintenant, ô Bienheureux Réginald, de supplier Dieu pour nous qui sommes tes frères et tes enfants. Obtiens-nous de Jésus et de sa douce Mère de maintenir en nous la candeur de la foi que nous professons, et de porter dignement l'habit qui te fut montré à toi le premier, afin qu'i en résulte pour Dieu la gloire, et pour nous le salut. Amen

---

Antiphona.

Beato Reginaldo Aurelianensi, Sancti Patris Dominici socio.

« O Beate Reginalde,
« Summo Regi gratus valde :
« Cujus Regina Angelorum,
« Proprium visitavit thorum ;
« Ab omni febris languore
« Miro curavit dulcore ;
« Habitum dans prædicatorum ;
« Expellens febres peccatorum ;

« Tuis precum incrementis
« Sana febres nostræ mentis,
« Ut cum cœtu supernorum
« Videamus regem cœlorum.

℣. Ora pro nobis, Beate Reginalde,
℟. Ut digni efficiamus promissionibus Christi.

OREMUS.

« Concede quæsumus, Omnipotens Deus, ut qui peccatorum nostrorum
« febribus incessanter affligimur Beati Reginaldi confessoris tui pio in-
« terventu, sanitatis perpetuo beneficio gaudeamus. Per D. N. J. C... »

Orléans. — Imp. Ernest Colas